LA EXTRAORDINARIA VIDA DE POLICHINELA

Texto: Paco Paricio

Imágenes: Colección particular de La Casa de los Títeres de Abizanda

Diseño y maquetación: Víctor Gomollón

Corrección de textos: Ana Bescós

Imprime: San Francisco, Artes Gráficas

Edita: Los Titiriteros de Binéfar / La Casa de los Títeres
C/ Bailén, 22
22500 Binéfar (Huesca)

Tel.: 974 428 218

titiriteros@titiriteros.com
www.titiriteros.com
www.lacasadelostiteres.com

ISBN: 978-84-121647-9-4
Depósito legal: HU 94-2024

LA EXTRAORDINARIA VIDA DE
POLICHINELA

Según viejas y fehacientes
IMÁGENES
que entrega a la imprenta
LA CASA DE LOS TÍTERES
de ABIZANDA
para regocijo de todos

Texto de **PACO PARICIO**
de **LOS TITIRITEROS DE BINÉFAR**

LANTERNE MAGIQUE

Mira, mira Polichinela
preñado de espalda y pecho.
Ay, qué graciosa pirueta.
Ole. Ole. Bravo, maestro.

GERARDO DIEGO

Desde hace años y en todos los lugares a los que voy he ido rebuscando rastros de la vida de Polichinela. Al fin he podido reunir su periplo completo: aquí lo tenéis. Comprobaréis de dónde le viene a ese pícaro su afán de juego, burla y provocación.

Polichinela recibe en otros países nombres como Guignol, Petruska, Barrigaverde, Paprika Jancsi, Kasperl, Kasperle, Karaguiosis, Kašpárek, don Cristóbal, don Roberto, Punch, etcétera, y tal vez deberíamos considerarlo, mal que nos pese (o bien que nos parezca), esencia de la identidad europea.

Paco Paricio

6. — A la Jeune Mère:
Un Petit Polichinelle.

Polichinela nace de un huevo.

Al salir alza los brazos y sonríe.

Los niños que lo ven dicen: «¡Es mío!».

Bonne Année

«¡Que nadie me lo quite!».

«¡*Nuestro para siempre!*».

... Y juegan con él.

LA CONDAMNATION DE POLICHINELLE

Burlan y representan...

AUX GOBELINS
TROYES

LA SIESTE

... y descansan juntos.

1. POLICHINELLE VOLE UNE POULE

Pero pronto hace travesuras...

Un volontaire d'un an.

... *y recibe castigo...*

La première Culotte.

... y hasta desprecio.

LA PUNITION

LITH. BAQTER & VIEILLEMARD, PARIS.

«¡A la horca con él!».

„Lirum, Larum, lachte der Kasperl."

... *Y queda abandonado.*

Pero una muchacha sana sus heridas...

Du bist mein lieber Schatz

... y vuelven el juego...

Les bambins sont sans pitié
Et dans le vase ils ont mis
leur beau pantin de couleur
Qui murmure de douleur.

... *y la burla divertida.*

Pero ahora debe aprender.

TEXIER-RATIER
23, rue St-Guilhem - MONTPELLIER

LA LEÇON DE LECTURE.

¡Con la cartilla al revés!

Ya convertido en un muchacho,
encuentra a Pierrot y Arlequín
como compañeros.

Con ellos sigue y hasta aumenta
la travesura.

Juntos se ríen del postín y la impostura.

Quand on voit Polichinelle et Pierrot, Arlequin,
Cassandre, Colombine et Jocrisse ne sont pas loin.
— *Cherchez-les ?* —

Se divierten y se esconden.

1. LES PRÉTENDANTS A LA MAIN DE COLOMBINE OFFRENT LEURS HOMMAGES A M. PANTALON ET LUI DEMANDENT LA MAIN DE SA FILLE.

Y llega el juego del amor.

Rondan y cantan.

Halagan y cortejan.

Rechazados, se entretienen.

GUIGNOL

6 Guignol tombé à la mer essaie d'enlever un crocodile

*Pero Polichinela pronto los abandona
y se va a bailar con las bestias.*

HYDROLÉINE

J'suis né Paillasse, et mon papa,
Pour me lancer sur la place,
D'un coup d'pied me frappa
Et m'dit : Saute, Paillasse.

LITH. VIEILLEMARD ET SES FILS BOULEVARD DE PORT ROYAL, 19, PARIS

Aprende destrezas...

... malabarismos...

Mazurier rôle de Polichinelle Vampire

... y hasta arriesgadas acrobacias.

LES DEVX POLICHINELLES

Dessin de SAVY

Se hace cómplice burlón de bellas damas.

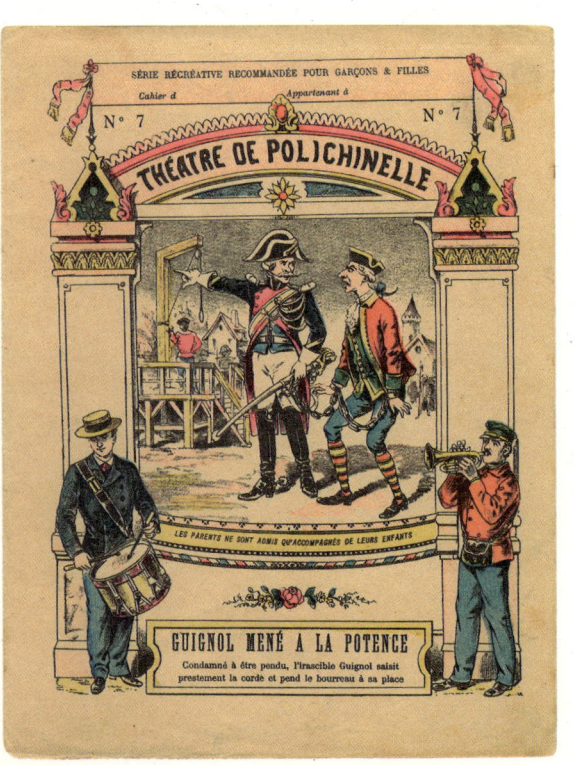

SÉRIE RÉCRÉATIVE RECOMMANDÉE POUR GARÇONS & FILLES

Cahier d   Appartenant à

N° 7   N° 7

THÉÂTRE DE POLICHINELLE

LES PARENTS NE SONT ADMIS QU'ACCOMPAGNÉS DE LEURS ENFANTS

GUIGNOL MENÉ A LA POTENCE

Condamné à être pendu, l'irascible Guignol saisit
prestement la corde et pend le bourreau à sa place

Es apresado por su licenciosa vida...

... y condenado, pero, enseñado como está,
da la vuelta a la tortilla, pues pregunta
al verdugo que pretende ajusticiarlo:
«¿Cómo dices que debo poner
la cabeza en la soga?».

«¿Así?».

Escapa y encuentra alegre compañera.

Aubry, Paris, Série 720

Con ella se amiga.

Y se ayuntan...

La Famille de Polichinelle et Grillo. — Dessin de Gagniet, d'après une estampe napolitaine.

... y tienen numerosa prole.

2 Guignol ayant perdu sa baguette
ne sait plus ce qu'il fait et boit le lait du nourrisson

*Pero Polichinela sigue
con sus barrabasadas.*

Vean ese padre cómo trata a su bebé.

Y recibe castigo.

Pasado el tiempo, acaba siendo un abuelo
divertido y payaso.

Muere, y los niños, burla burlando,
forman su cortejo fúnebre.

Y le dedican divertidas salmodias...

Les Chansons de Charlys

POLICHINELLE

CHARLYS-EDITION, 115, Rue Monge, PARIS-Vᵉ

... hermosas canciones...

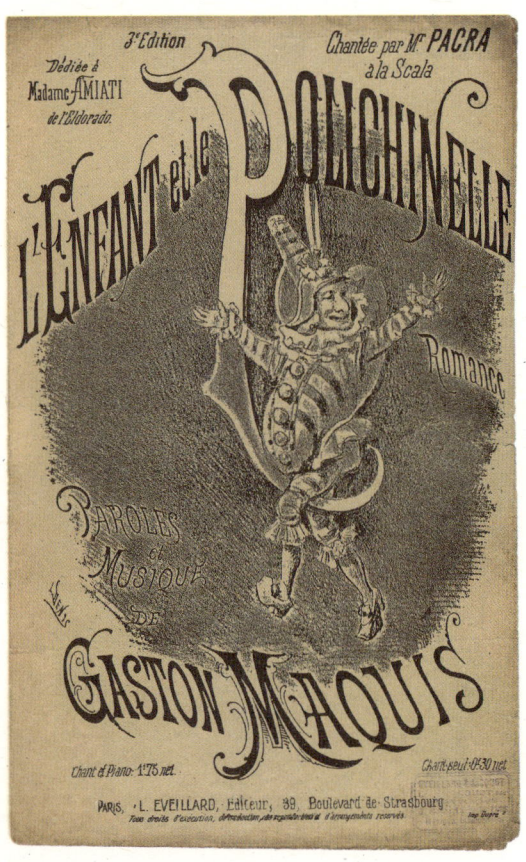

... y disparatados romances.

Las damas alegres hacen de él
un cetro carnavalero y festivo.

Se convierte en paradigma
de la fiesta...

... *y la diversión.*

JEAN-BAPTISTE TIEPOLO. — DÉCOUVERTE DE LA TOMBE DE POLICHINELLE.
Gravure extraite des *Scherzi di fantasie.*

Pasan los años, se descubre su tumba
y aquel gran artista, Tiepolo,
amante de su figura,
está allí para grabarlo.

SCÈNES FAMILIÈRES

PAR

E. FROMENT

Grande tragédie.

GRAVURES PAR MATTHIS

Y resucita en los retablos de títeres.

Lo celebran en las fiestas...

GRANDS MAGASINS AUX GALERIES LAFAYETTE

LES GUIGNOLS CÉLÉBRES

Le " Punch " anglais

... y vuelve a las andadas...

ENCYCLOPÉDIE ENFANTINE RECOMMANDÉE POUR LES ÉCOLES

Le Théâtre DE GUIGNOL.

GUIGNOL GOURMAND. — Nº 9

... a sus líos...

ENCYCLOPÉDIE ENFANTINE RECOMMANDÉE POUR LES ÉCOLES

Le Théâtre de GUIGNOL

GUIGNOL SORCIER. №10

... y a sus despropósitos...

... *y hasta duelos.*

De nuevo lo amonestan.

«¡No! ¡A él no!», gritan los niños.

«*¡Es nuestro! ¡Nos pertenece ese pícaro!*».

Y sucede entonces algo inaudito,
pues dice el pequeño Pierrot:
«Polichinela, ¿qué vas a hacer con el bebé?».
Y Polichinela responde: «Esta vez no lo tiro:
lo cuido y la nueva comedia
la levanta ella, la Polichinela».

¡Hela aquí!